Julie Boess-Kniese

Koli, der Teddybär

Julie Boess-Kniese

Koli,
der Teddybär

Fischer Verlag

© FISCHER VERLAG GMBH
Remseck bei Stuttgart, 1994

Illustrationen von Milada Krautmann

ISBN 3 439 82750 X

Inhalt

Klein Koli stürzt sich in Abenteuer

Weit, weit von hier im Weltmeer liegt eine große Insel. Dort gibt es immergrüne Eukalyptuswälder, in denen es wie nach Hustenbonbons duftet. Paradiesvögel mit farbenprächtigem Gefieder schaukeln auf den Zweigen, und herrliche Blumen blühen das ganze Jahr.

Dort ist die Heimat der kleinen *Koalabären*, der lebendigen Teddybären. Ja, wirklich, lebendige Teddybären gibt es dort, und von einem von ihnen will ich euch heute erzählen.

Auf einem hohen Eukalyptusbaum wohnte eine ganze Familie der drolligen Bärchen in einem bequemen, großen Nest. Zwischen den Zweigen mit den blaugrünen Blättern kletterten die Koalas wie kleine Affen umher. Manchmal purzelte so ein kleines Bärchen hinunter

und fiel wohl gar in einen Dornbusch. Pfui, wie das stach und piekte! Dann schrie der kleine Purzelpeter: „Au wei, au wei!", und die andern lachten ihn aus.

Mutter Koala zog ihn an den Puschelöhrchen und mahnte: „Paß das nächste Mal besser auf!"

Sie waren eine wilde, lustige Bande, die fünf kleinen graubraunen Bärchen. Der Älteste von ihnen hieß Koli. Er wagte sich bis in den höchsten Gipfel des riesigen Baumes. Und am liebsten turnte er von Baum zu Baum, so daß er sich oft von der Wohnung der Eltern entfernte und in Gefahr geriet.

Die Mutter paßte sehr auf, daß sich die Kinder nicht zu weit vom Nest entfernten. Denn auf dem Waldboden lauerten mancherlei Gefahren auf die kleinen friedlichen Bären. Böse Schlangen machten auf junge Bären und Affen Jagd und fraßen sie. Oder der Beutelwolf kam geschlichen und holte sich ein Koalabärchen. Daher wollten die Bäreneltern ihre Kinder immer um sich sehen.

Aber der kleine Koli war neugierig. Er wollte gern wissen, wie groß der Wald wäre und wie die Welt überhaupt aussähe. Eines Tages, als die anderen gerade ihr Mittagsschläfchen hielten, rutschte er – eins, zwei, drei – vom Baum herunter. Er nahm einen Stock in die Pfote, denn die Koalabären haben richtige Greifdaumen, und begab sich auf Entdeckungsreisen.

Zwischen mannshohen Gräsern und Blumenstauden, die ihm die Aussicht versperrten, stapfte er hindurch. Und um alles, was ihm fremd war, machte er einen großen Bogen.

Da sah Koli eine große Kugel liegen. Was mochte das sein? Das Bärchen ging rund um das Ding herum und betrachtete es aus seinen dunklen Knopfaugen. Dann schlug es mit dem Stock darauf.

„Nana!" ertönte es aus der Kugel. Koli erschrak so, daß er sich schnell hinsetzte. Auf einmal tat sich die Kugel auseinander, ein Kopf wurde sichtbar. Eine lange Schnauze schob sich heraus, und zwei runde, schwarze Augen sahen ihn an. Ein Tier wunderte sich über das andere.

Husch – da rollte die komische Kugel rasch auseinander – ein wunderliches Tier stand vor Klein-Koli und sagte zu ihm: „Was bist du denn für ein Strampelmatz? Und so allein?"

Das Bärchen stand auf, reckte sich und sagte stolz: „Ich bin Koli, ein echter Koalabär, und ich will in die weite Welt! Und wer bist du?"

Das Tier antwortete: „Ich bin ein Gürteltier, und wenn ich mich zusammenrolle, entsteht aus meinen gepanzerten Gürtelringen mein Haus. Und dann kann niemand an mich heran!"

„Darf ich da mal hinein?" fragte Koli.

„Nein, Koli, das geht nicht, darin habe nur ich Platz. Aber setze dich auf meinen Rücken, ich trage dich ein Stück."

Das ließ sich Koli nicht zweimal sagen. Bald saß er rittlings oben. Gemächlich trottete das Gürteltier auf seinen kurzen Füßen dahin. Es hatte jetzt Hunger und suchte überall nach Nahrung. „Na, kannst du nicht schneller laufen?" fragte Koli ungeduldig.

„Warum denn? Ich habe viel Zeit", antwortete das Gürteltier.

Koli schwieg und ließ sich weiter tragen; er wollte ja in die Welt hinaus. Aber nach und nach bekam er Hunger. Das Gürteltier fraß Würmer und Ameisen, soviel es mochte.

„Du, hast du nichts zu essen für mich? Ich habe Hunger", sagte Koli und patschte auf den Rückenpanzer des Gürteltieres.

„Was frißt du denn?"

„Alle Früchte, Nüsse und Palmschlößlinge."

„Na warte, wir kommen gleich an eine Palme, da kannst du hinaufklettern und dich satt essen", tröstete das Gürteltier sein hungriges Reiterlein.

Und richtig, als sie aus dem Eukalyptuswald herauskamen, stand da eine himmelhohe Palme. Ihre Zweige bewegten sich sanft im Wind.

Koli lief das Wasser im Maule zusammen. Er sprang vom Gürteltier herunter, und dann kletterte er am Stamm der Palme hinauf. Hast du nicht gesehen! – saß er oben in den Palmenwedeln und aß sich plumpvoll an den köstlichen süßen Schößlingen.

Das Gürteltier aber hielt sich nicht lange auf, es trabte gemächlich weiter. Und als Koli endlich herunterkam, war sein Reitpferd weg! Er hatte geglaubt, es werde auf ihn warten, und nun rief er, so laut er konnte. Aber weit und breit zeigte sich kein Gürteltier.

„Na, so ein Ekel!" sagte Koli, fuhr sich mit dem Pfötchen über sein schwarzes Näschen und mußte nun zu Fuß weiterwandern. In dem Gewirr von Blattgewächsen und hochragenden Blumen wußte er nicht, wohin er ging. Er marschierte drauflos, irgendwie würde er schon hier herauskommen.

Plötzlich hörte auch das hohe Gras auf, und Koli stand auf einer kahlen Sandfläche. Von weit her glitzerte es vor ihm in der Sonne auf und rauschte – das war das weite Meer!

Oh, das hatte Klein-Koli noch niemals gesehen! Er stapfte durch den Sand, bestaunte große und kleine Muscheln, und dann stand er an der Küste. Die Wellen mit ihren weißen Schaumkämmen rollten heran und überschlugen sich am felsigen Strand. Koli sah verwundert auf die weite Wasserfläche. Nun tappte er langsam dahin, wo das Wasser auf den Strand glitt und griff nach den Wellen. Ei, das machte ihm Spaß, wie sie über seine Pfötchen rollten.

Auf einmal schwamm etwas heran – ein kleiner Baumstamm war es.

Die Wellen trieben ihn an den Strand, dicht vor Bärchens Füße. Da dachte der kleine Koli: Oh, darauf kann ich reiten! Und – hupp – saß das Bärchen rittlings auf dem Stamm. Der drehte sich ein wenig, Kolis Füßchen wurden naß, aber er machte sich nichts daraus, denn nun würde er gewiß in die weite Welt reiten.

Der Stamm schaukelte und trieb vom

Ufer ab, weiter und weiter ins Meer hinaus. Die Insel entfernte sich immer mehr. Hier und da schnellte ein Fisch aus dem Wasser empor, überschlug sich, im Sonnenlicht glitzernd, und verschwand wieder im Meer. Das alles machte unserem Koli großen Spaß: die Wogen, die Fischlein, das Schaukeln.

Aber als er sich einmal umsah, da wurde ihm bange. Wo trieb er hin?

Nun rollten gar größere Wellen heran, der Stamm tanzte hinauf und hinab, das Wasser spritzte über Koli hinweg, so daß er oft keine Luft bekam und spuckte.

Auf einmal tauchte ein ganz großer Fisch aus der Tiefe auf. Er stieß mit seinem Rücken an den Stamm, und plumps – Koli purzelte ins Wasser.

Da riß der Fisch sein riesengroßes Maul auf und schnappte nach dem Bärlein. Er schluckte es, wie es war, hinunter, und es rutschte bis in den Magen des Untiers!

0 weh, da saß nun der arme kleine Koli in einem engen stockfinsteren Sack.

Doch Koli war nicht dumm, er fing an, gegen die Magenwände zu treten und sie zu zwicken. Das tat dem großen Fisch weh, er drehte sich um und um, und es wurde ihm schlecht. Er würgte und würgte, auf einmal spuckte er den kleinen Koli in großem Bogen aus und verschwand schleunigst in der Tiefe.

Koli tat einen tiefen Atemzug und war heilfroh, daß ihn die Sonne wieder beschien. Die Wellen schaukelten ihn auf und nieder. Aber dann wurde ihm angst: würden ihn nicht bald die Wellen hinunterziehen?

Koli lernt Menschen kennen

Als Koli sich einmal umblickte, erschrak er: ein riesengroßes Ungetüm kam auf ihn zu. Was war das?

Koli hatte noch nie ein Schiff gesehen; er dachte, es sei ein ganz großes Ungeheuer, und hatte Angst. Ja, was war das nur?

Die Wellen hoben das Bärchen auf und nieder, auf und nieder, Immer näher kam das furchtbare Tier.

Oben am Geländer des Überseedampfers standen drei Matrosen und sahen hinab ins Wasser. „Je", rief der eine, „seht doch mal, was da schwimmt, – das ist doch ein Teddybär!"

„Wo? Wo?" fragten die anderen.

„Ja, ja, ich seh's", rief der zweite, „aber er ist doch lebendig! Er zappelt und schreit!"

„Schnell! Ein Netz her!" rief der dritte.

Wirklich, da brachte einer ein Fischernetz an einer langen Stange, und sie fingen den kleinen, schon ganz erschöpften Koli und zogen ihn herauf.

Die drei Matrosen beugten sich lachend über das Netz und holten den zappelnden Schreihals heraus.

„Ein leibhaftiger, lebendiger Teddybär! Hat man schon so was gesehen!" rief Rudi, der erste Matrose.

„Ruhig, ruhig, wir tun dir nichts, kleiner Kerl! Jämmerlich ertrunken wärst du, wenn wir dich nicht 'rausgefischt hätten", sagte Jan.

Rudi nahm ihn auf den Arm und streichelte ihn. Da hörte Koli auf zu schreien und klammerte sich an Rudis Arm. Er sah die drei Matrosen aus seinen dunklen Knopfaugen erstaunt an.

Nein, sie taten ihm nichts, das fühlte der kleine Koli.

„Erst muß er mal abgetrocknet werden", sagte Benno, der dritte Matrose, holte ein Tuch und rubbelte den Koli ab.

Jan holte eine Banane und hielt sie

ihm hin. Ei, eine Banane, die Koli so gerne aß! Er strahlte, nahm sie, riß die Schalen ab, und – rips, raps, im Nu war sie aufgefressen.

„Mehr!" sagte Koli nur.

Die drei Matrosen lachten. „Hol gleich noch zwei", rief Benno und streichelte den Teddy.

„So ein komisches kleines Vieh", sagte Rudi nachher. „Was machen wir mit ihm?"

„Den behalten wir! Wir nehmen ihn mit in unsere Kajüte."

Die drei nahmen den Koli mit in ihre gemeinsame Kajüte. Jan machte ihm gleich in einer kleinen Kiste mit Kissen ein weiches Lager.

Benno meinte: Er wird müde sein und muß sich von dem Schrecken erst einmal erholen." Also wurde Klein-Koli in seine Kiste gelegt und sorglich zugedeckt. Er kuschelte sich in die Kissen und war bald eingeschlafen. Die Matrosen gingen an Deck ihrer Arbeit nach.

Nach einer Stunde schlug Koli die

Augen auf. Wo war er nur? Gerade über sich entdeckte er ein rundes Fenster. Er setzte sich und sah dahinter die Wellen auf und ab schaukeln. Aber wie? Es spritzte doch kein Wasser herein! Vorsichtig griff Koli mit der Pfote an das Fenster. Wirklich, es konnte nichts von draußen herein. Da freute er sich und patschte vergnügt an die Scheibe.

Schon wieder hatte er Hunger. Er kroch aus der Kiste heraus, und das erste, was er erwischte, war eine Büchse Fischtran, womit sich die Matrosen die Stiefel schmierten. Er steckte die Schnauze hinein und tat einen Zug.

Ex, bex, pfui! Koli spuckte und schleuderte die Büchse weg, so daß sie durch die ganze Kabine rollte. Der übelriechende Inhalt lief aus und spritzte nach allen Seiten.

Das Bärchen sah sich weiter um. Da stand ein Kasten! Geschwind dahin! Und richtig, der Deckel ließ sich hochheben. Ach, was da alles drin war!

Erst einmal ein Stück Speck – das roch

gut. Es wurde beleckt und rundum ange-
knabbert. Dann lagen da fünf Äpfel und
eine Banane; schnell waren sie allesamt
angebissen. Die Rasierseife wurde bero-
chen und samt dem Rasierapparat fort-
geworfen.

Was sonst noch in der Kiste war,
Wäsche, ein Fläschchen Rum und allerhand andere Sachen, wurde herausge-
zerrt und umhergeworfen. Ein Päckchen
Tabak wurde aufgerissen, beschnuppert
und in der Kabine umhergestreut.

Auf dem Kistenboden fand Koli noch
eine Rolle Bindfaden. Ei, ließ der sich
aber schön abrollen! Das war lustig! Koli
griff in den Fadenwirrwarr, sprang hin
und her und zerrte und zog und drehte
den Faden um alles, was in der Kabine
war: um Tisch, Hocker, Haken – kurz, er
kletterte kreuz und quer damit, bis das
Knäuel abgewickelt war.

Was nun? Koli sah sich um.

Die Hängematte in halber Höhe, darin
eine Decke und ein Kissen, die zog ihn
an. Also hinauf und hinein! Ei, wie schön

das war – schaukel, schaukel, hin und her. Klein-Koli hatte großen Spaß daran und fühlte sich so recht wohl.

Da kamen Schritte die Treppe herunter, die Tür wurde geöffnet, Jan und Benno starrten auf das wüste Durcheinander in der Kabine.

„Jetzt guck dir das nur an!" rief Jan belustigt aus.

„Das war dein kleiner, lieber Teddy! Wo ist das Vieh?" rief Benno, und beide sahen sich auf dem Boden um.

Koli lag auf dem Bauch in der Hängematte und äugte durch eine Masche hinunter. Der Klang der Menschenstimmen kam ihm nicht ganz geheuer vor, er kletterte vorsichtig in die Höhe und kroch auf allen vieren, an der Deckenleiste entlang, in eine dunkle Ecke. Dort saß er geduckt und beobachtete die Matrosen.

Schließlich nahm Benno eine Stange und fuhr damit oben an der Leiste entlang. Pfui, das war häßlich! Koli wollte schnell ausreißen, aber dabei purzelte er herunter.

„Aha, da ist der Lümmel!" rief Jan und packte das Bärchen.

„So, lieber Freund, – was hast du denn da angestellt?" Damit stupste er den kleinen Sünder mit der Schnauze in den am Boden vergossenen Fischtran und gab ihm einen Klaps auf sein Hinterteil.

Aber Koli, nicht faul, fuhr herum und biß Jan in die Finger, so wie er das bei den Koalabären im Eukalyptuswald gelernt hatte, wenn ihm jemand etwas tun wollte.

„Na warte, du Löwe!" ulkte Jan und lutschte an der Bißstelle. „So geht das mit dir nicht weiter. Oben an Deck steht ein leerer Papageienkäfig, darin wirst du lernen, dich manierlich zu benehmen!"

Also nahmen sie Klein-Koli und gingen mit ihm auf Deck. Benno holte den Käfig, und Koli wurde hineingesetzt, obgleich er sich heftig sträubte und vor Zorn auf und ab hüpfte. Dann gingen die Matrosen in ihre Kajüte um aufzuräumen.

Da saß nun der kleine Koli von so viel

Neuem umgeben, daß er sich nicht rührte und nur neugierig umherblickte. Aber nicht lange blieb er allein; dann kamen die Reisenden, die auf Deck spazieren gingen, und bestaunten den kleinen Bären. Jeder brachte Leckerbissen und steckte sie in den Käfig: Zuckerstückchen, Bananen, Brot oder Zwieback. Soviel Herrlichkeiten hatte Koli auf einmal!

Koli findet einen Beschützer

Nun reiste auf dem Schiff auch ein freundlicher Herr mit einem langen Bart und buschigen Augenbrauen und einer runden Hornbrille. Dieser Herr, ein Professor, kannte sich in der Sprache der Tiere aus. Er trat hinzu und besah sich das Bärchen.

„Ah, ein kleiner Koala, eine seltene Bärenart" sagte er, indem er den kleinen Koli in der Bärensprache anredete. Dann nahm er den Käfig, ging in die Ecke, wo er immer saß und setzte ihn auf den Tisch.

„So", sagte er, „kleines Koalabärchen, nun erzähle mal, woher du stammst und wie du auf das Schiff gekommen bist."

Koli hatte Vertrauen, setzte sich dicht an das Gitter und berichtete sein Unglück.

Nachdem der Professor alles erfahren

hatte, fragte er: „Ja, kleines Kerlchen, und was soll nun mit dir werden?"

„Ich will mit dir fahren in die weite Welt, du großer Bär", sagte Koli.

Der Professor lachte, weil Koli ihn wegen des langen Bartes für einen Bären ansah. Dann legte er ihm eine weiche Decke und etwas Heu in den Käfig, damit er ein Lager hätte.

Aber Koli rüttelte an den Stäben. „Raus, weg!" schrie er. Er drückte sein schwarzes Näschen zwischen die Stäbe, und in seinen Augen waren Sehnsucht und Trauer.

Der Professor überlegte. „Gut", sagte er, „ich mache die Tür auf, aber du kommst immer zurück in dein Nest! Wehe dir, du richtest Unfug an!"

Er machte die Tür auf, und Koli spazierte auf den Tisch, kam näher heran und faßte vorsichtig nach dem Bart. „Großer Bär", sagte er nur, dann kletterte er auf die Knie des Professors und rutschte an den Hosenbeinen hinunter auf die Schiffsplanken. Aber er lief nicht weg, denn er hatte vor den anderen Leuten Angst.

Da bückte sich Professor Merkel, packte den kleinen Koli und steckte ihn in seine große Rocktasche, so daß er gerade oben herausgucken konnte. Dann ging der „große Bär" mit dem kleinen auf dem Deck spazieren.

Immer hockte Koli in seiner Rocktasche. Kamen aber Jan und Benno vorbei, dann rutschte er – wupp – auf den Grund der Tasche und tauchte erst wieder auf, wenn die Matrosen längst vorüber waren.

Als der Professor ihm eine kleine bunte Glaskugel zum Spielen geschenkt hatte, machte sich Koli viel Spaß. Er rollte die schillernde Kugel hierhin und dorthin, sprang hinterher, fing sie wieder und hielt sie gegen die Sonne, so daß es im Glas funkelte und glitzerte. Er beleckte die Kugel und vergaß immer wieder, daß sie nicht eßbar war. Ja, das war ein großes Vergnügen für das spielfreudige Bärchen.

Eines Tages rollte Kolis Kugel zwischen die Füße einer Dame, die mit einem kleinen Jungen im Liegestuhl auf Deck saß. Koli lief hin, guckte, suchte seine Kugel und riß dabei der Dame ein Stück von der Rockkante ab.

Die Dame sprang erschrocken auf und rief:

„Ach du meine Güte, was ist denn das für ein gefährliches Tier!"

Der kleine Junge aber griff zu und hielt den kleinen Koli im Arm. „Ein Teddybär, o, ein lebendiger Teddybär!" jubelte er laut.

Der aber zappelte und schrie, und als die Dame aufstand, entdeckte er seine Kugel. Da kreischte er, biß den Jungen, so daß der ihn losließ, packte seine Kugel und rannte davon.

Der Junge aber lief hinterdrein. „Teddy, Teddy!" rief er.

Der vermeintliche Teddybär suchte Schutz bei seinem Herrn, kletterte rasch an dessen Hose hoch und verschwand in der Rocktasche.

Als der kleine Junge übereilig in die

Tasche griff, da biß ihn der kleine Koli so kräftig in die Finger, daß er schreiend die Hand zurückzog.

„Geschieht dir ganz recht", sagte die Mutter, „man darf nicht in fremde Taschen greifen."

Nachts durfte Koli in des Professors Kabine in einer Hängematte schlafen. Aber Koalabären sind auch halbe Nachttiere, und so kam es vor, daß Koli in seines Herrn Bett kletterte und diesen am Bart zog, wenn er zu sehr schnarchte. Dann tat der Professor einen heftigen Schnaufer, und der kleine Koli erschrak so, daß er hinunterpurzelte. Und doch machte er sich immer wieder diesen Spaß.

Als das Schiff im Hafen von Kapstadt anlegte, ging Professor Merkel an Land und nahm Koli in der Manteltasche mit. Aber o Schreck! Was war das für ein Lärm! So viele Menschen, Autos, Straßenbahnen und Häuser!

Klein-Koli zitterte vor Angst und verkroch sich ganz tief in die Tasche. Beruhi-

gend kraulte ihm der Professor das Köpfchen, aber das Bärchen traute sich nicht
hinauszublicken.

Erst als das Schiff wieder auf hoher
See schwamm, wagte Koli, das Köpfchen hervorzustecken. Er krabbelte heraus, setzte sich auf den Tisch, hatte
wieder Appetit und lachte. Der Professor
streichelte ihn, aber er dachte: Wie wird
das erst werden, wenn wir in Deutsch-
land sind?

Immer weiter fuhren sie nordwärts,
Tage und Nächte vergingen. Es war
schon lange nicht mehr so warm wie im
Süden. Oft blies ein scharfer, kalter Wind
über das Schiff hin, und Koli kuschelte
sich tief in die Manteltasche hinein.

Eines Tages legte das Schiff wieder in
einem Hafen an. Diesmal packte der Professor alles, was er hatte, in seine zwei
großen Koffer. Wieder gab es ein Gewim-
mel von Menschen, Lärmen und Autohu-
pen, und Koli duckte sich voller Angst
ganz tief in die Tasche. Der Professor

mußte ihn kraulen und streicheln und ihm gut zureden.

Bald drangen andere Geräusche an Kolis Ohr. Er richtete sich auf und lugte aus der Tasche hervor. Ja, was war denn das nun für ein merkwürdiges Tier?

Ganz lang war es wie eine große Schlange, und es bestand aus lauter Kästen und Fenstern. Anstelle von Beinen hatte es Räder, und es rauchte und fauchte, das schreckliche Untier. Aber es stand still, tat niemand etwas, und die Menschen hatten keine Angst vor ihm.

Koli sah den Professor mit großen Augen an. „Was ist das?" fragte er.

„Eine Eisenbahn, gleich werden wir einsteigen."

Wirklich stiegen sie ein, und Koli sah da ein gemütliches Stübchen hinter dem anderen, mit Polstersitzen darin und Fenstern zum Hinausschauen. Die Menschen saßen da und lachten. Nein, das Bärchen brauchte keine Angst zu haben.

Professor Merkel hängte den Mantel an einen Haken am Gepäcknetz und setzte sich in eine Fensterecke. Langsam bekam Koli Mut. Er reckte sich in die Höhe, so daß er grade hinausschauen konnte.

Voller Staunen sah er Bäume und Häuser, Wälder und Wiesen vorüberhuschen, obwohl sie keine Flügel hatten. Manchmal hielt der Zug, und Menschen stiegen aus und ein. Dann duckte sich das Bärchen in die Tasche. Fuhr der Zug wieder, dann kam es mit dem Kopf hervor.

Es war eine lange Fahrt. Koli bekam Hunger und zwickte seinen Herrn in den Arm. Der beugte sich nieder. „Hunger", flüsterte Koli, „essen!"

Der Professor lachte, steckte ihm Plätzchen und kleine Apfel-und Zuckerstückchen zu, und Koli vertilgte alles.

Allmählich wurde ihm die Hockerei in dem schützenden Sack langweilig. Vorsichtig kroch er aus der Tasche heraus und kletterte unbemerkt am Mantel hinauf ins Gepäcknetz; die Taschen, Koffer und Rucksäcke erregten seine Neugier.

Er schlich an einen vollgestopften Rucksack heran, darin roch es nach allerhand guten Sachen. Er zerrte so lange an der Schnur, bis er in den Sack kriechen konnte.

O, da waren ein paar Apfelsinen, eingewickelte Wurstbrote, Schokolade, Wäsche und sonst noch allerlei! Koli machte sich mit Behagen über die Apfelsinen her; sie dufteten zu schön. Er biß in die Schale, zog sie auseinander und sog mit Genuß den Saft heraus. Das nächste Stück Schale spuckte er von oben herunter – o weh! einem Herrn auf den Kopf.

Der griff über sich, beugte sich zurück und blickte verwundert noch oben. Eine Dame, die ihm gegenüber saß, sagte:

„Da an dem Rucksack bewegt sich was!"

„An *meinem* Rucksack?" rief der Herr, erhob sich und suchte mit den Händen. Aber da – hast du nicht gesehen! – schlüpfte Koli nach hinten, glitt blitzschnell am Mantel herunter und verschwand in der Tasche. Der Professor

hatte in der Zeitung gelesen und nichts gemerkt.

„Was war denn das?" sagte der Herr.

„Ich weiß es nicht, ich meine, es wäre eine Maus da oben gelaufen."

Jetzt nahm der Herr seinen Rucksack herunter und machte ihn auf.

„Du meine Zeit!" rief er. „Was in aller Welt war denn in meinem Rucksack? Alle Apfelsinen aufgebissen, große Löcher drin, die Brote halb aufgefressen! Was für ein Tier ist hier im Abteil?"

Die Reisenden standen auf. Jetzt wurde der Professor aufmerksam. Er dachte sofort an Koli und griff in seine Manteltasche. Aber Koli saß ganz brav und artig darin, also konnte er wohl nicht stibitzt haben. Vielleicht war es doch eine Maus gewesen...

Die Reisenden suchten unter den Bänken, fuhren mit Händen und Stöcken im Gepäcknetz entlang – nichts war zu entdecken. Koli aber rührte sich nicht.

„Das muß wohl eine Ratte gewesen sein", sagte der Bestohlene, und die

Frauen bekamen Angst. Professor Merkel beugte sich zur Tasche nieder und flüsterte: „Rühr dich nicht, du Karnickel, – du warst's doch!"

Koli und sein Herr ließen sich nichts anmerken, und bald gaben die Mitreisenden das Suchen auf.

Stunden um Stunden vergingen. Und als der Professor einmal den Speisewagen aufsuchte, nahm er wohlweislich den Mantel mit.

Wundersame Erlebnisse
in der großen Stadt

Endlich waren sie am Ziel, in München. Aber als sie ausstiegen und Koli den Kopf aus der Tasche steckte, sah er Tausende von weißen Sternchen in der Luft umherwirbeln. Flog ihm eins auf die Nase, dann fühlte es sich naß und kalt an.

Und seltsam – ringsum war alles weiß. Die Bäume hatten nicht einmal Blätter! Was war das nur? Koli fror, schüttelte sich und kroch tief in die Tasche.

„Was ist das?" fragte er und brummte.

„Das ist Schnee! Es schneit!" erklärte Herrchen ihm. „Ja, ja, in deiner Heimat gibt es das nicht. Aber warte nur, bald sind wir zu Hause, und dann wird es warm."

Frau Merkel holte ihren Mann vom Zug ab. Sie freute sich von Herzen, daß er endlich wieder da war und Weihnachten daheim feiern konnte. In einem Taxi fuhren sie zur Wohnung. Koli steckte immer noch in der warmen Manteltasche.

Nun hielt das Taxi vor dem Haus. Nachdem das Ehepaar die Treppe hinaufgestiegen war und die Wohnung betreten hatte, zog der Professor im Vorplatz seinen Mantel umständlich aus, damit seine Frau schon ins Zimmer gehen sollte. Vorsichtig nahm er das Bärchen aus der Tasche und folgte seiner Frau in die gemütlich warme Stube, in der schon der Kaffeetisch gedeckt war.

„Meine gute Lene", sagte er dann, „ich habe dir auch etwas ganz Besonderes mitgebracht!" Damit setzte er Klein-Koli mitten auf den Tisch. Der sah sich verwundert um, Frau Merkel aber schlug die Hände zusammen und rief:

„Du meine Güte, Max, woher hast du denn den niedlichen Teddybären?"

Herr Merkel lächelte in seinen Bart und setzte sich in die Sofaecke. Bei Kaffee und leckerem Kuchen erzählte er dann, wie er zu dem Koalabärchen gekommen war. Seine Frau konnte sich nicht genug wundern, aber jedesmal, wenn sie Koli anfassen wollte, dann rutschte er weg, brummte und hoppelte auf die andere Seite des Tisches.

„Aber Bärchen, liebes, ich tu dir doch nichts. Ich bin jetzt deine Mutti", redete sie ihm gut zu und reichte ihm ein Stückchen Kuchen hin. Happ, Koli faßte zu, und weg war es. Dann hielt der Schlauberger seine kleine Greifpfote hin. „Bitte mehr!" sagte er.

Verwundert blickte er auf, als Merkels lachten; das sah erst recht putzig aus. Er bekam noch ein Stück Kuchen, und dann ließ er sich von Frau Merkel anfassen und sogar auf den Schoß nehmen und streicheln.

Merkels hatten aber eine Miezekatze, und der war es gar nicht recht, daß da ein kleiner Teddybär auf Frau Merkels Schoß saß.

„Miau!" machte sie. „Das ist mein Platz!"

Koli erschrak und drückte sich an Frau Merkel.

„Mau – miau!" drohte Miez nochmals, sprang hoch, fauchte und schlug mit der Pfote nach Koli, und an der Pfote waren Krallen. Die waren scharf und taten weh.

„Au!" schrie Koli und versetzte der Katze einen Hieb. Auch an seinen Pfoten waren Krallen, und so begann der Haß zwischen diesen beiden.

„Na aber, Miez", mahnte Frau Merkel, „schämst du dich denn nicht! Wer wird denn so häßlich sein! Sieh mal, Herrchen hat dir einen kleinen Bruder mitgebracht, mit dem kannst du spielen."

„Sie müssen sich erst kennenlernen", meinte der Professor.

Frau Merkel gab Koli einen Apfel, und den fraß er vergnügt auf. Miezekatzen fressen keine Äpfel, deshalb bekam Miez ein Schälchen Milch hingestellt. Koli aber dachte, das sei auch für ihn, hüpfte vom Schoß, tappte hin und steckte sein Schnäuzchen hinein.

Aber da sprang ihm die Miez auf den

Rücken, fauchte und schlug auf ihn ein. Dabei kippte das Schüsselchen um, und die Milch floß auf den Boden.

Koli wehrte sich und versuchte, sich auf den Rücken zu werfen, er schrie nach Leibeskräften und biß um sich. Es war die tollste Balgerei im Gange, bis Frau Merkel aufstand und beide auseinandertrieb. Miez fauchte und leckte die Milch vom Boden auf; Koli kletterte auf einen Stuhl und schimpfte von oben herunter.

„Na", meinte Mutter Merkel zu ihrem Mann, „ob sie miteinander Freundschaft schließen, ist noch eine Frage."

„Lange wird das Theater nicht dauern", sagte Herr Merkel. „Ich will den kleinen Teddy unseren Enkelchen, Gretel und Hannele, zu Weihnachten schenken, bis dahin müssen sich die zwei vertragen." Er nahm Klein-Koli und steckte ihn in die Tasche seines wolligen Hausrokkes. Darin fühlte er sich sicher, aber er schaute oben heraus und behielt Miez im Auge. Die leckte sich Pfoten und Schnauze und sah böse nach Koli. Bisher war sie der einzige Liebling von Merkels gewesen, und nun war da ein zweiter! Miez war eifersüchtig, der freche Kerl sollte wieder weg.

Sobald die beiden einander in die Quere kamen, ging der Zank los, Koli zog die Miez am Schwanz oder biß hinein, dann fuhr sie herum und schlug mit den Krallen nach ihm und zerkratzte ihm die Nase. Dann jagten und bissen sie sich, tobten im Zimmer oder in der Küche umher und rissen dabei Tassen und Vasen und anderes herunter.

„So geht das nicht weiter, wir müssen sie trennen", sagte Mutter Merkel.

„So geht das nicht weiter, nein", sagte das Bärchen, „ich bleib' nicht hier."

Und die Miez sagte: „Mach, daß du rauskommst, sonst beiß' ich dich tot!"

Also beschloß Koli fortzugehen. Als Frau Merkel einmal gegen Abend das Fenster aufgemacht hatte, stieg Koli aufs Fensterbrett, hopste zum Fenster hinaus, kletterte am Weinspalier hinunter, und draußen war er.

Hu, war es kalt draußen! Aber unserem Koli war inzwischen ein schöner, dicker Winterpelz gewachsen, der ihn vor der schlimmsten Kälte schützte. Er tappte durch den Vorgarten, kroch durch den Zaun und lief auf die Straße. Im gefrorenen Rinnstein huschte er geduckt entlang, damit ihn kein Mensch sehen sollte.

Da machten ihn plötzlich die beleuchteten Schaufenster neugierig, vor denen die Menschen stehenblieben und hineinschauten. Besonders vor einem Laden standen viele Kinder und lachten.

Koli wurde von großer Neugier geplagt. Er blieb stehen, huschte dann zwischen den Menschen hindurch und kletterte an der Mauer hinauf, bis er in das Schaufenster sehen konnte. Die Kinder bemerkten ihn gar nicht, sie hatten ihre Blicke viel zu eifrig auf die Herrlichkeiten vor sich gerichtet.

Was gab es da aber auch alles zu sehen: Puppen, Küchen und Kaufläden, eine kleine Eisenbahn, die auf Schienen

immerzu rundum fuhr, bunte Bälle, Pferd-
chen, und da – *Teddybären*! Große,
kleine, ganz kleine, weiße, gelbe, braune
Teddybären!

Kolis Herzchen klopfte; sie sahen ja so
aus wie er! Zu ihnen mußte er hinein,
das waren Freunde und Brüder!

Als Käufer aus dem Laden kamen,
schlüpfte er zwischen ihren Füßen in den
Laden hinein und versteckte sich in der
Nähe des Fensters. Er wollte abwarten,
bis die vielen Menschen einmal weggin-
gen.

Und richtig, als es schon um Mitter-
nacht war und die Menschen schlafen
gegangen waren, wagte Koli sich aus
seinem Versteck hervor. Im Schaufenster brannten noch die Lampen, im Nu
kletterte das Koalabärchen in die Aus-
lage zu den Teddybären. Sie schienen
ihn mit ihren runden Kulleraugen anzusehen, aber sie rührten sich nicht. Koli rief
sie an:

„Ihr Teddys, seid ihr aus meiner Heimat?"

Sie antworteten ihm nicht. Er sprang zwischen ihnen umher und stieß sie an.

„Mach den Schnabel auf und sag was!" rief er einen an, der ebenso groß und so braun war wie er. Weil der aber keinen Ton antwortete, schubste Koli ihn vor den Bauch. Was? Der mundfaule Bursche knurrte auf einmal?

Da bekam Koli Lust zu raufen. Er sprang übermütig zwischen den Teddys herum, trat nach ihnen, packte sie, warf sie auf den Boden – da knurrten und brummten sie alle. Wie mußte Koli da lachen! Als gar eine Puppe, die er umwarf, „Mama, Papa" schrie, jauchzte Koli vor Vergnügen.

Er trieb es immer toller. Er sprang kreuz und quer, warf die Teddys und Puppen alle durcheinander.

Koli richtete sie wieder auf, warf sie abermals um, und es knurrte und brummte, schrie und quietschte in dem Schaufenster, fast schlimmer als im Eukalyptuswald.

Vor dem Fenster blieb indes ein großer

Mann mit einem langen weißen Bart stehen. Er hatte einen roten Mantel mit weißen Pelzaufschlägen an, trug eine hohe, rote Mütze auf dem Kopf, und ein großer schneebedeckter, gefüllter Sack lag auf seinem Rücken.

Wißt ihr, wer das war? Das war der gute Nikolaus, der vor Weihnachten brave und unartige Kinder besucht, die einen belohnt und die andern bestraft.

Der Nikolaus lachte über des kleinen Kolis Übermut. Dann dachte er: Den kann ich gerade brauchen, den hole ich mir heraus.

Nikolaus, der Schlüssel zu allen Türen hat, begab sich also in den Laden. Koli suchte gerade in einer Puppenküche nach Essen, ein heilloses Durcheinander war um ihn her.

„Komm mal her, Bürschchen", sagte der Nikolaus und lachte über Kolis verdutztes Gesicht. „Was machst du denn da, und wie kommst du überhaupt hier herein?"

Koli erschrak, als ihn eine Hand packte

und emporhob. Aber als er in die guten, blauen Augen sah, faßte er wieder Mut. Er umklammerte die Finger des alten Nikolaus und sah bittend zu ihm auf.

„Komm nur mit", sagte der. „Anstalt hier Unfug zu treiben, sollst du mir helfen, Freude zu machen!"

Dann steckte er ihn in eine seiner großen, tiefen Manteltaschen und gab ihm einen Apfel und einen Pfefferkuchen. Da hatte Koli keine Angst mehr, er kuschelte sich hinein in das Taschennestchen und naschte.

Der Nikolaus ging indes mit dem Bärchen in der Tasche von einem Haus zum anderen. Der kleine Teddy mußte Apfel, Nüsse, Pfefferkuchen und Schokoladentiere austeilen. Was für einen Jubel und Spaß gab das bei den Kindern! Sie durften Koli streicheln und sogar füttern.

Viele bettelten: Ach, guter Nikolaus, schenke uns den kleinen Teddybären." Nikolaus schüttelte den Kopf.

Koli hat einen Freund

Wieder war Nikolaus mit Koli durch ein Dorf gegangen. „So", sagte Nikolaus, „nun gehen wir noch zum kleinen Heinerle."

Heinerle wohnte in einem Bauernhaus. Er mußte im Bett liegen, denn er war gefallen und hatte sich ein Bein gebrochen.

Poch, poch machte es an der Tür des schneebedeckten Häuschens. Die Mutter ging und öffnete.

Heinerles Augen wurden ganz groß. „Nikolaus!" flüsterte er.

Ja, da kam er wirklich herein in seinem roten, pelzbesetzten Mantel. „Schön' guten Abend, Heinerle", sagte er und trat ans Bett. „Na, bist du denn auch brav gewesen? Das freut mich. Ich hab' es gewußt, und darum will ich dir eine besondere Freude machen!"

Er griff in seine Tasche, holte den kleinen Koli hervor und setzte ihn vor Heinerle auf die Bettdecke.

„Brumm", machte Koli und sah Heinerle erstaunt an, der glücklich lächelte.

„Der lebt ja!" stammelte Heinerle nur.

Da öffnete Nikolaus den Sack, und Koli kroch hinein. Er kam mit Äpfeln und Süßigkeiten wieder heraus und legte sie vor Heinerle hin. Das tat er noch einmal, dann setzte er sich daneben, nahm sich einen Pfefferkuchen und knabberte daran.

„O komm, du liebes Teddybärchen", rief Heinerle und zog ihn an sich. „Wie heißt er denn?"

„Koli, und seine Eltern sind die Koalabären, die weit von hier zu Hause sind", erklärte der Nikolaus. Dann nahm er Abschied von Heinerle und Koli, und die Mutter begleitete ihn hinaus.

Als die Mutter wieder ins Zimmer kam, lagen Heinerle und Koli glücklich beisammen und hatten schon Freundschaft geschlossen.

Auch mit dem Vater, der sich sehr über den Teddy wunderte, schloß Koli Freundschaft. Aber zur Mutter hatte er mehr Vertrauen.

Heinerle und Koli spielten im Bett Versteck und neckten und zausten sich. Heinerle fütterte den Koli, Koli wiederum steckte dem Heinerle Apfel- und Zwiebackstückchen in den Mund.

Zwischendurch sah sich Koli im Zimmer um. Als er einen Handspiegel entdeckte, saß er staunend davor. Unfaßlich für ihn, daß da noch ein Koalabärchen war, das sich so bewegte und so aussah wie er. Er sprang hin und her, ja er drehte den Spiegel um und war enttäuscht, weil er dahinter nichts fand. Heinerle sah zu und lachte. Er ließ sich den Spiegel ins Bett geben, und schon griff Klein-Koli danach.

Besonders viel Spaß gab es, wenn Heinerle einen Apfel vor den Spiegel hielt und Koli sich ärgerte, weil er ihn nicht fassen konnte.

Dennoch liebte Koli den Spiegel; er

und der Junge hatten viel Vergnügen damit.

Dem Heinerle ging es täglich besser. Eines Tages nahm der Onkel Doktor den Verband ab.

Draußen wirbelten die Schneeflocken hernieder. Koli saß auf dem Fensterbrett und blickte hinaus; stundenlang konnte er dem winterlichen Treiben ruhig zusehen. Ließen sich aber Vögelchen nieder, um sich vor dem Fenster Futter zu holen, das Mutter und Heinerle hingestreut hatten, dann wurde Koli lebendig! Jedesmal klopfte er an die Scheiben, so daß die Vögelchen erschrocken wegflogen.

Erst nachdem Heinerle ihm ein paarmal einen Klaps auf die Pfote gegeben hatte, klopfte er nicht mehr. Aber es ärgerte ihn wohl, daß er mit den Vögeln draußen nicht mitfressen konnte, und jedesmal knurrte er unwillig dazu.

Dann war der Weihnachtstag gekommen.

Den ganzen Tag über ging es im Hause geheimnisvoll zu und es duftete nach

Tannenzweigen. Fand Koli auf dem Fußboden einen schimmernden Goldfaden, wickelte er ihn sich um die Pfoten oder über die Ohren, dann schlenkerte er ihn hin und her und freute sich.

Als es dunkel wurde, saßen Heinerle und Koli still beisammen und warteten. Auf einmal ertönte ein Glöckchen. Heinerle sprang auf. „Jetzt!" rief er und nahm Koli auf den Arm.

Da ging die Tür auf, oh, und da stand im anderen Zimmer ein hoher Tannenbaum mit vielen Lichtern auf den Zweigen. Goldene Fäden hingen herab, silberne Kellen zogen sich von Ast zu Ast, und was hing alles am Baum! Nüsse, Apfel, Zuckersternchen, Schokoladenkringel – es war eine unbeschreibliche Pracht, die Koli lautlos anstarrte.

Dann sangen die Menschen die schönen Weihnachtslieder, und Koli machte manchmal „brumm – brumm – brumm" dazwischen.

Hernach führte die Mutter Heinerle an einen Tisch mit einem roten Licht. Schöne Sachen lagen darauf: ein bunter Ball, ein Kreisel, eine Mundharmonika, ein Baukasten, ein schönes Bilderbuch, feste Lederstiefel und eine neue graue Pelzmütze. Nicht zu vergessen der Teller voll Plätzchen, Pfefferkuchen und Schokolade.

Auch Koli hatte seinen kleinen Weihnachtstisch. Für ihn gab es einen Teller voll guter Sachen und Äpfel und Apfelsinen. Eine bunte Glaskugel bekam er, ach, und ein Paar rote, gestrickte Höschen, ein weißes Jäckchen und ein Mützchen.

Aber Koli kümmerte sich nur um das, was er essen konnte, und um die Kugel. Kaum sah er auf dem Tisch, biß er sofort in einen Apfel, aber er blickte dabei immer auf den funkelnden Baum und musterte ihn bis zur goldenen Spitze hinauf.

„Ich glaube, der frißt den ganzen Teller auf einmal leer", sagte der Vater und lachte. „Koli, Koli, du kriegst Bauchweh!"

Aber das Bärchen futterte munter weiter.

Ein Lichtchen nach dem andern brannte herunter, und jedesmal, wenn eines verlöschte, machte Koli „brumm". Bald danach aß die Familie zur Nacht, und dann hieß es schlafen gehen.

Aber Koli konnte sich von dem Baum nicht trennen. Als die Mutter aus Heinerles Zimmer hinausging, schlüpfte er schnell hinterdrein, huschte ins Weihnachtszimmer und versteckte sich dort. Da saß er nun und starrte den dunklen Baum an.

Auf einmal kam der Mond und schien hell zum Fenster herein, gerade auf den Baum. Oh, und nun fingen die goldenen Fäden, die Ketten und Kugeln an zu funkeln.

Koli sah am Baum empor. Oja, das war ein richtiger Baum, ein Baum, wie sie ähnlich im Eukalyptuswald standen. Ein Baum ist für so ein Koalabärchen zum Klettern da, also los – hinauf!

Halt, was hing da? Ein weißes Zuckerherzchen! Schnapp – war's abgefressen. Und da ein roter Apfel. Äpfel sind zum

Abpflücken und zum Essen da. Das machte Spaß. Nun ging es immer höher hinauf, hier wurde ein Sternchen, da ein Kringelchen abgefressen, bis nichts mehr in den kleinen Bauch hineinging.

Dann machte sich's Koli in dem schönen, duftenden Gezweig bequem, setzte sich in eine Astgabel, lehnte sich an den Stamm und schlief ein.

Als Heinerle am andern Morgen aufwachte, vermißte er sein kleines Koalabärchen.

Er sprang aus dem Bett und durchsuchte das ganze Zimmer. Wo war Koli? Heinerle war ganz unglücklich.

Dann lief er ins Weihnachtszimmer. Koli saß oben im Baum und blinzelte auf den Jungen hinunter. Der blickte hinauf und entdeckte hoch oben seinen Freund.

„Koli, komm!" lockte er.

Koli kam aber nicht herunter.

„Komm du jetzt 'runter!" rief Heinerle.

Koli blieb ruhig sitzen.

Jetzt rief Heinerle die Mutter. „So ein Spitzbube!" rief sie. „Marsch, 'runter!"

Aber Koli kletterte jetzt fast bis in die Spitze. Er ahnte nichts Gutes. Die Menschen sind schrecklich, dachte er, alles und alles verbieten sie und zanken, wenn man ein Vergnügen haben will.

Nun holte Heinerle den Vater. „Na, das werden wir gleich haben", sagte der, holte eine lange Stange und schob damit das Bärchen von seinem Sitz.

„Pfui, pfui!" schimpfte Koli, verlor den Halt, purzelte von Ast zu Ast herunter und wurde von Heinerle aufgefangen.

„Warte, du alter Kletterbär!" rief der Vater und gab ihm einen Klaps. „So, nun darfst du zur Strafe nicht mehr in die Weihnachtsstube und wirst eingesperrt."

Die Mutter steckte ihn in ein Körbchen und machte den Deckel zu.

Da saß Koli nun drin und war ganz verwirrt. Ja, wozu war denn der schöne Baum mit den guten Sachen überhaupt da?

Nach einer Stunde hielt Heinerle es nicht mehr aus und befreite den Sünder. Aber Koli hatte schlechte Laune. Es dauerte eine ganze Weile, bis er wieder munter war, aber ins Weihnachtszimmer mochte er nicht mehr hinein.

Eine dichte Schneedecke bedeckte noch immer die Erde. Eines Tages nahm der Vater einen großen Rodelschlitten, Heinerle wurde in sein Pelzmäntelchen gesteckt und bekam die warme Pudelmütze aufgesetzt. Auch Koli wurde angezogen: Höschen, Jäckchen, Mütze. Aber das war nicht leicht, denn kaum steckte das Bärchen in einem Hosenbein glücklich drin, dann hatte es das andere Bein wieder herausgezogen. Es strampelte und wehrte sich. Aber als Koli hinaus in die Winterkälte kam, merkte er, daß der Anzug schön wärmte, und er fühlte sich wohl darin.

Nun setzte der Vater Heinerle und Koli auf den Schlitten und zog sie einen Hügel hinauf. Dann setzte er sich auf den Schlitten, nahm Heinerle vor sich, und Heinerle setzte Koli zwischen seine Beine, und dann sausten sie – heidi! – den Berg hinunter. Heinerle jubelte, Koli brummte vergnügt. Eine ganze Stunde lang hatten so alle ihre Freude.

Heimweh macht Koli krank

Immer mehr Blümchen steckten ihre Köpfchen aus der Erde hervor: blaue Leberblümchen, Gänseblümchen, das Schafbockskraut mit seinen goldgelben Sternchen, Krokus und Himmelsschlüsselchen. Es blühte ringsum, und die Bienchen flogen schon von einer Blüte zur anderen. Frühling war es geworden, und jeden Tag wurde es schöner.

Nero, der Hofhund, lag behaglich in der Sonne. Er tat dem kleinen Koli nichts, er ließ das übermütige Bärchen sogar auf seinen Rücken klettern. Sie waren Freunde geworden, und Nero wurde nicht einmal böse, wenn Koli einige Pfötchen voll aus seinem Futternapf stibitzte.

Eines Tages kamen zwei Störche geflogen und ließen sich auf dem Scheunendach nieder. Dort fanden sie ihr altes Nest wieder, das sie nun schön herrichteten.

Staunend schaute Koli empor. Störche! Ach, solch ähnliche Vögel gab es doch auch in seiner fernen Heimat! Er kletterte auf das Dach und starrte den Storch an, der da stand und mit seinem langen Schnabel klapperte.

„Nanu", sagte der Storch, „ja, Koli, wie kommst du denn hierher?"

Das Bärchen wußte nicht, was es sagen sollte. „Weit, weit her", stammelte Koli nur.

„Ich habe Flügel und bin hierher geflogen, aber du? Wie kann so ein kleiner Koalabär denn hierherkommen?!"

Koli wollte etwas von einer schönen Seereise erzählen, aber da wurde er von Heinerle zum Essen gerufen. Schnell rutschte Koli am Blitzableiter hinunter. Er hatte inzwischen tüchtig Hunger bekommen.

Heinerle hatte sich etwas erkältet und lutschte Hustenbonbons. Und weil er alles mit seinem Bärchen teilte, gab er auch ihm eins. Aber da war es geschehen!

Als Koli den Eukalyptusduft roch, sah er plötzlich in der Erinnerung den großen Eukalyptusbaum vor sich, der sein Elternhaus und auf dem sein Heimatnest war. Er mußte an Vater und Mutter Koala denken, an die Geschwister und an die herrlichen Wälder, in denen es so roch wie nach diesen Bonbons.

Koli bekam Heimweh. Er saß traurig da, er mochte weder spielen noch essen.

„Was hat nur mein Teddy", klagte Heinerle, „ich glaube, er ist krank."

Als es gar nicht besser wurde, wurde der Onkel Doktor gebeten, sich den kleinen Bären anzusehen. Er untersuchte ihn und sagte: Das Bürschlein ist ganz gesund, ihm fehlt nichts."

Aber Heinerle machte sich Sorgen um Koli.

Nur einer wußte, was dem kleinen Koli fehlte, das war der Storch. Zu ihm kletterte Koli oft hinauf und hockte sich auf den Nestrand. Vater Storch mußte erzählen von der fernen Heimat, von den Eukalyptuswäldern, den Paradiesvögeln, den Affen und Koalas. Und je mehr das Langbein erzählte, desto mehr Sehnsucht bekam der arme kleine Kerl und jammerte Herrn und Frau Storch etwas vor.

„Höre", sagte der Storch eines Tages, „so geht das nicht weiter mit dir. Ich hab' es mir überlegt: im Herbst, wenn ich wieder nach Afrika fliege, nehme ich dich mit und bring' dich heim. Nun friß wieder und sei lustig!"

„Wie soll ich denn mitfliegen?" fragte Koli.

„Komm her und setz dich auf meinen Rücken, dann kannst du dir's vorstellen", sagte der Storch.

Und die Störchin hob den Kleinen auf den breiten Rücken von Vater Storch, und Koli strahlte vor Freude.

„Du nimmst mich ganz bestimmt mit heim?" fragte Koli.

„Ja, ganz gewiß", tröstete der Storch und klapperte mit seinem langen roten

Schnabel. Da hopste Koli vor Freude, so daß er fast vom Nestrand hinunter auf die Erde gepurzelt wäre. Er lachte und aß und trank wieder.

Der Frühling ging, der Sommer kam, und Koli freute sich über die vielen guten Beeren. Er durfte im Garten von den Himbeer- und von den Johannisbeersträuchern essen, auch Erdbeeren bekam er zu naschen. Und wenn Heinerle zum Beerensuchen in den Wald ging, dann nahm er seinen Koli mit. Nach Herzenslust krabbelte der graubraune Geselle zwischen den Erdbeeren und Heidelbeeren umher und stopfte sie mit seinen kleinen Pfötchen bis zum Überdruß in sich hinein.

Aber seine Eukalyptusheimat vergaß er dabei trotzdem nicht. Immer wieder quälte er den Storch mit der Frage: „Wann ist endlich Herbst? Wann fliegst du weg?"

„Du mußt noch ein bißchen warten", sprach der Storch und kümmerte sich um seine Storchenkinder.

Die ersten Äpfel wurden reif, die Birnen, das Korn wurde gelb, die zweite Heuernte kam, und Heinerle und Koli durften ganz oben auf dem Heuwagen heimfahren.

Bald kamen die Störche auf der Wiese zusammen und besprachen ihre Herbstreise. Die jungen Störche machten Flugübungen und wurden immer sicherer.

Eines Tages sagte der Storch zu Koli: „Halte dich bereit, morgen geht's fort!"

Koli hatte Angst, er könne den Zeitpunkt der Abreise verschlafen. Also kroch er nicht zu Heinerle ins Bett, sondern er schlief im Storchennest.

Luftreise in die Heimat

Als am andern Morgen die Sonne aufging, weckte der Storch das kleine Bärchen. „So, nun steig auf meinen Rücken und halte dich fest!"

Koli war überglücklich. Er kletterte rasch auf des Storches Rücken, krallte sich in den Daunen fest, und dann – dann erhoben sich der Storch und die Störchin immer höher in die Luft.

Koli sah noch einmal hinunter auf den Hof. Heinerle schlief wohl noch, nur Nero hatte die Abreise gesehen und bellte einen Abschiedsgruß hinauf.

Nun ging es im schnellen Flug nach Süden; viele Störche gesellten sich hinzu, es war eine große Wandergesellschaft. Tief unten lagen Städte, Dörfer, Wälder, Berge und Täler. Dann flogen sie über das Mittelmeer hinüber nach Afrika.

Erst in Ägypten, wo die vielen hohen

Pyramiden stehen, wurde endlich haltge-macht. Alle Störche waren am Ziel. Kolis Storch besah erst sein altes Nest, das ein Sandsturm gezaust hatte, und besserte es aus. Die Störchin sorgte dafür, daß Koli gut gefüttert wurde. Dann mußte das Bärchen wieder auf des Storches Rücken steigen.

Wieder ging es hinauf in die blausil-berne Luft, weit, weit fort. Nun rauschte und schäumte tief unter ihnen der blau-grüne Indische Ozean, über den Koli mit dem Schiff gefahren war. Oh, auf dem Rücken des Storches fühlte er sich siche-rer, nein, da konnte kein Fisch mehr nach ihm schnappen.

Und dann, nach langem Flug erst, kam das Heimatland in Sicht. Erst sahen sie den Strand und dann die weiten Eukalyp-tuswälder. Koli hüpfte vor Freude.

„Da, dahin mußt du fliegen, guter Storch", rief Koli. Eifrig rutschte er ihm fast an den Hals und zeigte hinunter.

Vor seinem Nest, in einer Astgabel, saß gemächlich Vater Koala. Kolis Mutter war auf Nahrungssuche. Ihre Kinder hatten schon die elterliche Wohnung verlassen und bauten sich eigene Nester.

Als Vater Koala so von ungefähr hinunterblickte – was war denn das? Ein Storch? Was wollte er denn im Eukalyptuswald? Hier gab es doch nur den großen Emu, der so ähnlich aussah wie ein Storch, aber nicht fliegen konnte.

Langsam kam der Langbeinige unter den Bäumen daherstolziert. Klein-Koli war vom Rücken herabgeglitten, lief zu dem Baum hin und kletterte, so schnell er nur konnte, am Stamm hinauf. Jetzt schwang er sich gerade vor dem Vater in die Höhe.

Der sperrte vor lauter Überraschung das Mäulchen weit auf und brachte zunächst kein Wort heraus. Dann wischte er sich mit der Pfote über die Augen und sagte:

„Nanu – *du* lebst noch?"

„Vater, Vater!" rief das Bärchen und krabbelte an ihm hoch. Der Vater packte es und besah es.

„Ja, ja, stimmt, du bist unser Koli!" sagte er und brummte vor Freude.

Jetzt kam die Mutter dazu, und der Vater sagte nur: „Koli ist da!"

Klein-Koli quietschte und brummte vor Freude durcheinander, sprang an der Mutter hoch und drückte und liebkoste sie.

„Ja, Koli, mein Koli, wo warst du denn so lange?" fragte die Mutter, und Tränchen der Freude kullerten aus ihren dunklen Knopfaugen.

„Oh, weit, weit weg bin ich gewesen! Aber nun freue ich mich! Und wie!"

Unten stand der Storch und klapperte stolz mit dem langen Schnabel.

Koli sah hinunter. „Danke, danke, guter Storch", rief er, „daß du mich heimgebracht hast! Grüß das Heinerle und den Nero!"

Der Storch klapperte zum Abschied, schlug mit den Flügeln und stolzierte vorsichtig durch den dichten Wald bis an die Lichtung.

Dann erhob er sich hoch in die Luft

und flog zurück nach Ägypten, wo er über Winter blieb.

Nun gab es bei Koalas ein Festessen: Honigwaben, Palmschößlinge und Bananen. Am Abend aber versammelten sich viele Koalabären, große und kleine. Sie saßen rundum auf den Ästen, und Klein-Koli mußte all seine Abenteuer erzählen.

Als Klein-Koli seine seltsamen Erlebnisse berichtet hatte, schloß er mit einem herzenstiefen Seufzer:

„Daheim ist's doch am aller-allerschönsten. Ich geh' nie mehr fort!"